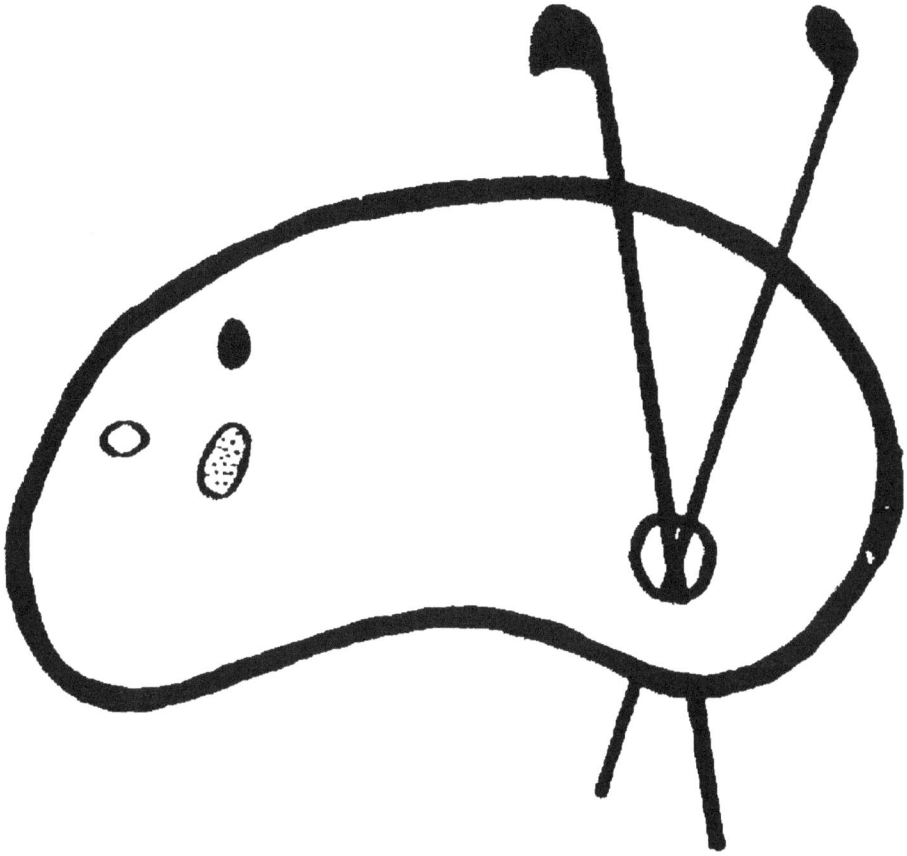

DEBUT D'UNE SERIE DE DOCUMENTS
EN COULEUR

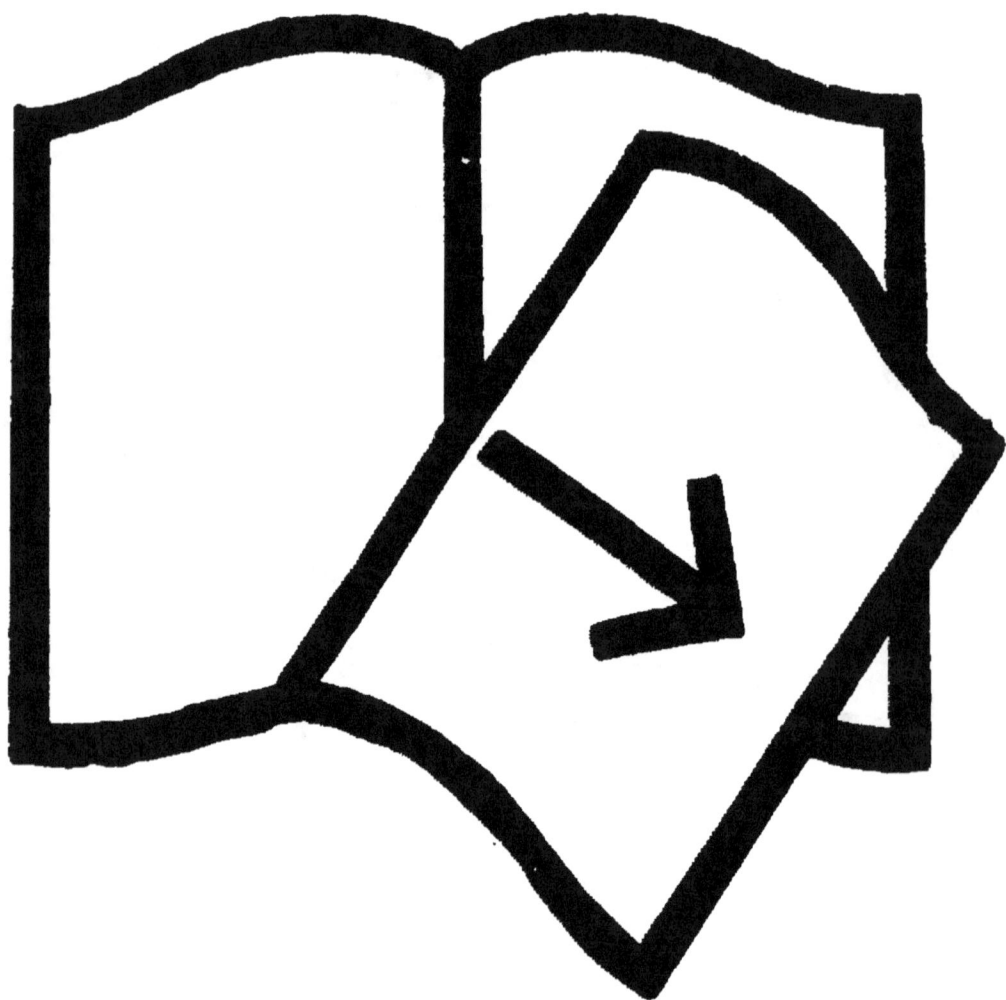

Couverture inférieure manquante

ÉTAT

DES

JURIDICTIONS INFÉRIEURES

DU COMTÉ DE ROUSSILLON

AVANT 1790

PAR

E. DE TEULE

PARIS

LIBRAIRIE HISTORIQUE DES PROVINCES

ÉMILE LECHEVALIER

39, Quai des Grands Augustins, 39

—

1888

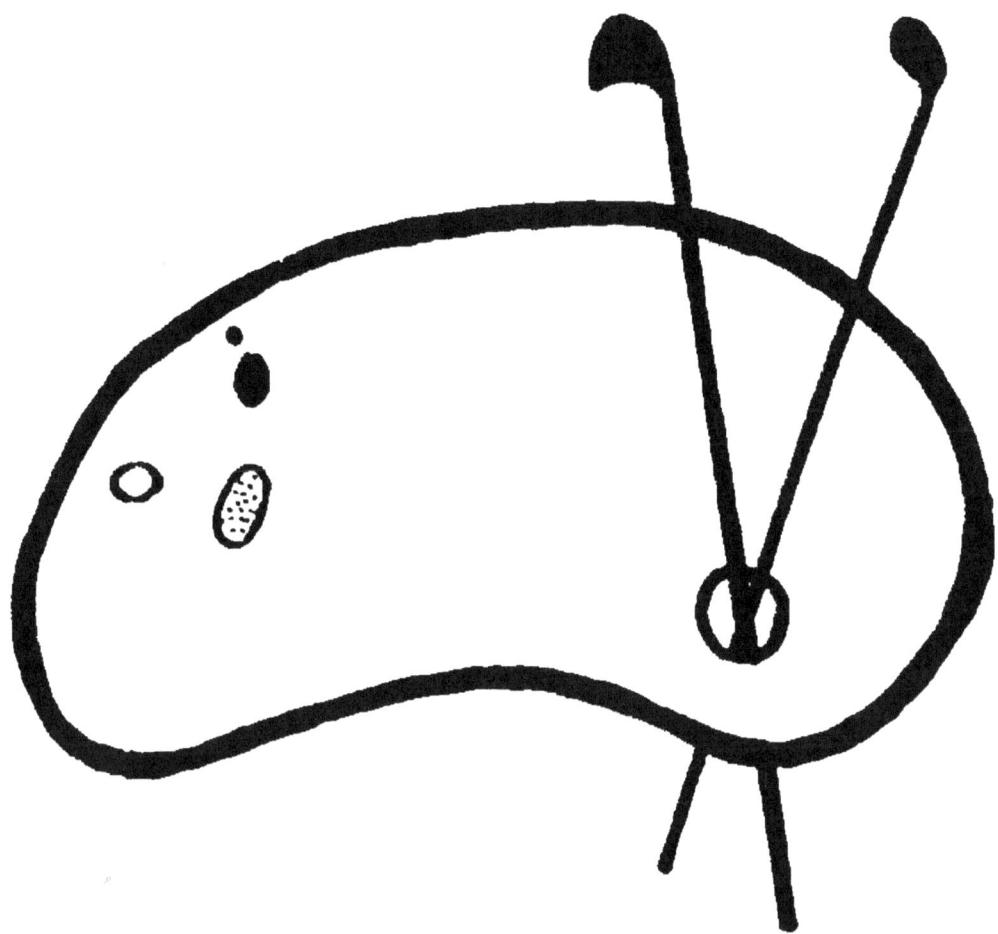

FIN D'UNE SERIE DE DOCUMENTS
EN COULEUR

ÉTAT

DES

JURIDICTIONS INFÉRIEURES

DU COMTÉ DE ROUSSILLON

DU MÈME AUTEU R

CHRONOLOGIE DES DOCTEURS EN DROIT CIVIL

de l'Université d'Avignon (1303-1791)

Beau vol. gr. in-8° sur papier de fil, Paris, librairie historique des provinces, Emile Lechevalier, 39, quai des Grands Augustins, 1887 . . . . 7 fr. 50

ÉTAT

DES

JURIDICTIONS INFÉRIEURES

DU COMTÉ DE ROUSSILLON

AVANT 1790

PAR

E. DE TEULE

PARIS

LIBRAIRIE HISTORIQUE DES PROVINCES

ÉMILE LECHEVALIER

39, Quai des Grands Augustins, 39

—

1887

.

NOTE

Les historiens du Roussillon n'ont pas manqué de signa-
ler l'ordre judiciaire qui régissait ce pays avant 1790, en
faisant remarquer à l'unanimité combien il était conforme
au génie des habitants. Ils en ont tracé le tableau et donné
les origines. Cette notice fournit quelques détails plus précis
sur les juridictions inférieures de cette province; ils ne
seront peut-être pas sans utilité pour expliquer l'attachement
que les Roussillonnais portaient à leurs institutions sécu-
laires et les luttes qu'ils ont soutenues pour les conserver.

E. de T.

ÉTAT

DES

JURIDICTIONS INFÉRIEURES

du comté de Roussillon avant 1790

=====

CHAPITRE I⁾

Coup d'œil général sur les juridictions établies dans le Roussillon avant 1790.

SOMMAIRE : Division de la Province. — Tableau synoptique des juridictions (Conseil souverain : — Vigueries, Bailliages, Justices seigneuriales, Juridictions des Corps de ville ; — Chambre du domaine, Tribunal de la capitainerie générale, Monnaie, Amirauté, Gabelles, Traites, Maréchaussée, Tabacs, Tribunal de l'Intendant de la Province, Justice royale du Vegariu ; — Loge de mer, Cours des Tiers, Fours, Université, Surposés de l'horte, Pieuse aumône); — Nombre des magistrats ; — Non vénalité des charges ; — Droit suivi ; — Langue.

Ce résumé donne l'Etat des Juridictions inférieures établies dans le Comté de Roussillon telles qu'elles se trouvaient à la veille de la Révolution.

Le Comté de Roussillon était divisé en trois vigueries principales :

1° La *Viguerie de Roussillon* ou *Roussillon proprement dit,* de laquelle dépendait celle de *Vallespir,* et dont le siège était à Perpignan.

2° La *Viguerie de Conflent* de laquelle dépendait celle de *Capcir,* et dont le siège était à Prades.

3° La *Viguerie de Cerdagne* de laquelle dépendait celle de *Carol,* et dont le siège était à Saillagouse.

Les Bailliages royaux étaient au nombre :

De quatre dans la viguerie de Roussillon : ceux de *Perpignan* et de *Thuir*, dans le Roussillon proprement dit ; et ceux de *Prats-de-Mollo* et de *Collioure* et *Port-Vendres*, dans la viguerie de Vallespir ;

De quatre dans la viguerie de Conflent : ceux de *Prades*, de *Vinça*, de *Corneilla* et de *Sardinia* et *Joncet* ;

Et de deux dans la viguerie de Cerdagne : ceux de *Mont-Louis* et de *Carol*.

Le *Conseil souverain* était l'unique juridiction supérieure.

Les juridictions inférieures se divisaient en *juridictions ordinaires* et *juridictions extraordinaires*.

Les juridictions inférieures ordinaires comprenaient :

1° Les *sièges royaux de viguerie*, au nombre de trois, un pour chacune des trois vigueries, savoir :

Le *tribunal de la viguerie royale de Roussillon*, dont le siège était à Perpignan ;

Le *tribunal de la viguerie royale de Conflent*, dont le siège était à Prades ;

Le *tribunal de la viguerie royale de Cerdagne*, dont le siège était à Saillagouse.

2° Les *Bailliages royaux* ou *Cours royales des bailles*, au nombre de six pour les dix bailliages de la province, savoir :

Le *bailliage royal de Perpignan*, qui avait sous son autorité le bailliage de Perpignan et quatre autres :

Le *bailliage royal de Thuir* ;

Le *bailliage royal de Collioure* ;

Le *bailliage royal de Prades* ;

Le *bailliage royal de Vinça* ;

Le *bailliage royal de Carol*.

3° Les *justices seigneuriales*.

4° Les *juridictions des corps de ville*, et notamment celles de Perpignan, de Thuir, de Collioure, etc.

Les juridictions inférieures extraordinaires étaient *royales* ou *municipales*.

Les royales étaient :

La *chambre du domaine* ;

Le *tribunal de la capitainerie générale* ;

La *monnaie* ;

L'*amirauté* ;

La *juridiction des gabelles ;*
La *juridiction des traites ;*
Le *tribunal de la maréchaussée ;*
La *juridiction des tabacs ;*
Le *tribunal de l'intendant de la province ;*
La *justice royale du Vegariu près Torreilles.*
Les municipales étaient :
Le *consistoire de la Loge de mer ;*
Les *cours des Tiers ;*
La *juridiction des Fours ;*
Le *tribunal de l'Université ;*
La *juridiction des surposés de l'horte ;*
Le *tribunal de la pieuse aumône.*

Toutes ces juridictions furent supprimées définitivement le 28 juin 1790.

Le Conseil souverain de Roussillon, créé par un édit donné à Saint-Jean-de-Luz le 7 juin 1660, rendait la justice en dernier ressort. Il était composé d'un premier président, de deux autres présidents, de deux conseillers d'honneur, d'un conseiller clerc, de six conseillers laïcs, d'un procureur général et de deux avocats généraux. Les habitants du Roussillon jouissaient du privilège de ne pouvoir être traduits hors de leur Province pour quelque raison que ce fut. Ils ne reconnaissaient ni les jugements émanés des tribunaux des autres provinces, ni les évocations et attributions qui les traduisaient hors de leur pays, ni aucunes lettres de committimus, ni la juridiction du Grand-Conseil quoique étendue dans tout le royaume.

Les appellations des sentences rendues dans tous les tribunaux inférieurs royaux ou seigneuriaux de la Province, quelque peu d'étendue qu'eut leur territoire, se relevaient directement à ce Conseil. Il y avait cependant deux exceptions : 1° Les sentences rendues par les juges-gardes de la monnaie établie à Perpignan allaient par appel à la Cour des monnaies de Lyon ; 2° les jugements des surposés de l'horte de Perpignan allaient par appel au bailliage de Perpignan, tandis que les sentences des surposés du reste de la Province étaient portées par appel au Conseil souverain. Il est vrai que les surposés de l'horte devaient moins être considérés comme juges que comme arbitres autorisés ou jurés-experts.

Les tribunaux de viguerie étaient les plus importants de la province. Ils connaissaient des affaires des nobles, des ecclésiastiques, des corps et communautés, etc. Chacun d'eux se composait du viguier, qui était juge d'épée, d'un juge, d'un procureur du roi et d'un greffier ; mais au tribunal de la viguerie royale de Roussillon, séant à Perpignan, il y avait en plus un avocat du roi.

Les tribunaux des bailliages royaux décidaient des affaires des roturiers qui ne dépendaient d'aucune justice seigneuriale. — Celui de Perpignan était composé de cinq officiers : le procureur du roi, un avocat du roi, un greffier, deux juges. Chacun des cinq autres était rempli par un seul juge qui était un avocat plaidant et résidant à Perpignan, et le plus souvent pourvu à la fois de plusieurs de ces judicatures. Dans ces derniers bailliages résidait un baille, juge d'épée, ayant pouvoir de connaître et de décider des causes sommaires et que les fonctions de son office n'empêchaient pas de vaquer à toute autre affaire.

Les justices seigneuriales étaient organisées de la même manière. Le seigneur justicier d'un lieu nommait le baille, qui résidait dans le lieu avec toute l'autorité d'un baille royal, et le juge, qui était un avocat plaidant à Perpignan.

La manutention de la police était remise dans tout le Roussillon aux Conseils des villes et villages, dont les jugements allaient par appel directement au Conseil souverain.

Le Roussillon était peut-être la province de France où l'administration de la justice occupait le moins de personnes uniquement consacrées à cet état. En 1767 on comptait 92.100 âmes dans les trois vigueries (Roussillon, Conflent et Cerdagne), et l'administration de la justice y employait 42 magistrats ou juges royaux tant supérieurs qu'inférieurs et 105 avocats, notaires ou procureurs.

Il était encore une particularité dans le Roussillon qui ne lui était pas commune avec la plus grande partie des autres provinces du royaume. La vénalité des charges n'y avait pas lieu pour les offices du Conseil souverain ni pour les autres offices des juridictions ordinaires, excepté seulement les offices des greffiers ; et encore les greffiers étaient plutôt en gagistes du greffe qu'acquéreurs de leurs charges. Le caractère des habitants du Roussillon s'était si peu prêté à la vénalité des charges de judicature introduite dans presque toute la France, que les offices qui avaient été créés en titre moyennant finance pour les juridictions extraordinaires telles que les tribunaux des traites, gabelles, tabac, etc., étaient la plupart du temps exercés par commission et restaient aux parties casuelles sans être levés.

Les gages alloués aux officiers de justice ordinaires et du Conseil souverain étaient d'une extrême modicité. Ces officiers les avaient il est vrai en pur profit puisqu'ils n'avaient avancé aucune finance ; mais le plus souvent la capitation leur en enlevait le montant.

Le Roussillon était un pays de droit écrit : le droit romain y était observé dans toute son étendue. Les juges devaient juger les causes et affaires suivant les constitutions et ordonnances délibérées en Cours générales et autres règles de la Principauté. Dans les cas non prévus par les lois ils étaient tenus de suivre le droit canon, et celui-ci ne parlant pas des questions à juger ils étaient astreints de suivre la doctrine des Docteurs et préférablement des Docteurs catalans en matière d'équité. Les règles qu'ils devaient observer étaient contenues dans la C .stitution donnée en 1599 par Philippe II en Cours générales.

Le 8 février 1700, le Conseil souverain ordonna que les procès qui étaient commencés suivant le vieux style ne pourraient être continués qu'en la forme de l'ordonnance de 1667. — Un édit du même mois ordonna que tous les actes, contrats et procédures, fussent rédigés en langue française.

Les chapitres suivants sont consacrés à chacune des juridictions inférieures ordinaires et extraordinaires.

CHAPITRE II

Tribunal de la Viguerie royale de Roussillon et de Vallespir.

SOMMAIRE : Compétence ; — Composition ; — Juge de la viguerie de Roussillon ; — Greffe ; — Serment et prérogatives du viguier ; — Viguerie de Vallespir ; — Sergenterie ; — Privilège des officiers du Tribunal de la viguerie.

Le tribunal de la viguerie royale de Roussillon connaissait des affaires temporelles du clergé ; des affaires de la noblesse et des citoyens nobles, des gradués et autres jouissant des privilèges des nobles, des bailles et consuls de son district (Les consuls de Perpignan exceptés par privilège dépendaient du bailliage de Perpignan) ; de celles des communautés séculières ou ecclésiastiques ; des causes des seigneurs contre leurs vassaux quand leurs juges n'en pouvaient connaître, et de celles de différentes personnes de différentes juridictions ; des cas royaux et privilégiés ; des malversations des baillis et consuls et autres officiers des seigneurs, et de tout ce qui concernait les substitutions fideicommissaires dans toute l'étendue de la viguerie. Il exerçait les hautes justices des lieux où elles appartenaient au roi ; et en vertu des usages du pays il connaissait des crimes commis sur les grands chemins et rivières, à la condition de prévenir de suite les juges compétents.

Ce tribunal avait son siège à Perpignan et il était composé du viguier, qui était juge d'épée, d'un juge, d'un procureur du roi, d'un avocat du roi et d'un greffier.

Dans les villes et villages de la viguerie où la justice n'appartenait pas au roi, le tribunal était composé d'un juge, d'un procureur et d'un greffier. Il y avait quelquefois un lieutenant de juge. Ces officiers résidaient tous à Perpignan et étaient nommés par les seigneurs des mêmes villes et lieux. Les mêmes officiers l'étaient de plusieurs lieux ensemble.

Aucune affaire n'était portée par appel à ce tribunal. Toutes celles qui en dépendaient y étaient traitées directement et de plein vol. Par appel et en dernier ressort elles étaient jugées au Conseil souverain.

La justice était administrée par le seul juge de la viguerie et en son nom, et jamais avec la participation et au nom du viguier, qui n'était à la tête de la juridiction que dans les marches et cérémonies et à la suite du Conseil souverain.

Le juge de la viguerie de Roussillon était en cette qualité président-né du siège de la maréchaussée quoique les jugements fussent rendus à ce dernier siège au nom du prévôt, en vertu d'une déclaration du roi du 18 novembre 1722.

Le greffe de cette juridiction et celui de la Cour des Tiers n'en faisaient qu'un, qui appartenait en 1767 à Don Bonaventure de Campredon.

Les pièces constitutives de cette juridiction ni l'époque précise de la création des officiers de ce tribunal n'ont pu être trouvées ; mais tous les historiens du pays s'accordent à dire que du temps des comtes de Roussillon, ceux-ci créèrent des bailles pour l'administration de la justice et plus tard des viguiers.

Le viguier était un juge d'épée, chef du tribunal de la viguerie. Il ne pouvait juger par lui-même, ni administrer la justice ; il avait un juge, le juge de la viguerie, qui rendait la justice à sa place (Constitution d'Alphonse II de 1289).

Les viguiers lors de leur nomination prêtaient le serment dont la formule, prescrite par Pierre II en 1283, était inscrite dans le volume des Constitutions de Catalogne, livre 1ᵉʳ, titre 43. En substance, ils juraient au roi et au peuple de la viguerie qu'ils se comporteraient loyalement, qu'ils maintiendraient le droit et la justice; qu'ils défendraient les églises, prêtres, religieux et leurs maisons en personnes et biens, leurs hommes et possessions, leurs immunités et privilèges, les villes et lieux des églises et des maisons religieuses; qu'ils feraient justice contre ceux qui attenteraient quelque chose contre les nobles ou jouissant de la noblesse et contre les maisons et seigneurs du roi; qu'ils défendraient contre tout voleur et malfaiteur les veuves, pupilles, orphelins, les chemins publics, les habitants des cités, villes et bourgs des domaines du roi; et que si quelqu'un dans les dites cités et villes du domaine du roi ou dans les dépendances des églises ou maisons religieuses commettait quelque homicide ou sacrilège ou autre forfait, il le poursuivrait de même que tous voleurs ou malfaiteurs qui seraient dans la viguerie.

En vertu d'une déclaration du roi du 17 juin 1759, les viguiers faisaient, chacun dans son district, exécuter les ordonnances des intendants de la province sur la police et l'administration des bois et forêts. Ils gardaient le marteau, faisaient les visites dans les forêts et dressaient les procès-verbaux des délits. Mais ils transmettaient leurs procès-verbaux à l'Intendance et à la Chambre du domaine où les délinquants étaient poursuivis.

Une ordonnance royale du 23 février 1745 ayant ordonné une levée particulière de milices garde-côtes de Roussillon pendant la guerre consistant en cinq compagnies de 40 hommes, le viguier de Roussillon fut nommé Commandant de ces compagnies, sous l'autorité du Gouverneur général ou Commandant de la province à qui le droit de nommer les autres officiers de ces compagnies fut attribué.

Le viguier de Roussillon, qui prenait le titre de viguier de de Roussillon et Vallespir, prétendait être le chef de la noblesse et avoir le droit de marcher à sa tête si elle était commandée. Mais la noblesse soutenait le contraire et ne voulait avoir d'autre chef que celui qu'elle disait pouvoir nommer, et qu'elle nommait en effet quelquefois.

La viguerie du Vallespir était unie à celle du Roussillon proprement dit. L'union de ces deux contrées est si ancienne que les limites qui les séparaient sont restées inconnues. On pourrait cependant les distinguer en suivant la division faite entre les deux archidiaconés du même nom. Celui du Roussillon comprenait les églises depuis les frontières du Languedoc et la mer jusques à Elne, Le Boulou et Céret, exclusivement ; celui de Vallespir s'étendait depuis et y compris ces dites églises jusques aux frontières d'Espagne et au Conflent.

Il n'y avait d'autres sergents ou huissiers que ceux des sièges de vigueries, de bailliages royaux, de la Monnaie, de l'Intendance, de la Capitainerie, de la Chambre du domaine et du Conseil souverain. Ils étaient nommés par les différents juges royaux, excepté ceux des sièges des vigueries et bailliages, qui étaient nommés par les viguiers et bailles à l'exclusion des juges de leurs sièges. Aucun sergent n'avait le droit exclusif d'exploiter les ordonnances des sièges où ils étaient immatriculés. Etaient exceptés les huissiers de la Cour souveraine et ceux du Domaine, qui seuls et en concurrence pouvaient exploiter les affaires émanant de la Cour souveraine. — Les seigneurs n'avaient aucun droit à la nomination des sergents.

Les officiers du tribunal de la viguerie de Roussillon étaient exempts des charges municipales et ils avaient les mêmes privilèges que tous les autres officiers des justices royales.

En même temps que leur charge, ils exerçaient la profession d'avocat tant au Conseil souverain qu'aux autres juridictions royales et seigneuriales, et cela à cause du peu de revenu que leurs charges leur donnaient, aucun d'eux n'ayant des gages, mais seulement un casuel qui était peu considérable.

CHAPITRE III
Cour royale du baille ou Bailliage royal de Perpignan.

SOMMAIRE : Compétence ; — Composition du tribunal ; — Sergents ; — Etendue du ressort ; — Banlieue de Perpignan ; — Prérogatives du baille de Perpignan ; — Receveur de consignations ; — Recette des amendes ; — Crieurs jurés ; — Sequestres des saisies ; — Experts ; — Apposition de scellés ; — Greffe ; — Privilèges des officiers du bailliage.

Le bailliage royal de Perpignan connaissait des affaires civiles et criminelles des roturiers domiciliés dans le bailliage dans les seuls cas où ils étaient défendeurs ou prévenus ; des crimes et cas royaux non privilégiés commis sur son territoire ; et des substitutions fideicommissaires des seuls roturiers ses justiciables en concurrence avec le juge de la viguerie.

Le tribunal était composé de cinq officiers : le procureur du roi, un avocat du roi, un greffier, deux juges, tous nommés par le roi.

Dans les affaires criminelles du ressort les officiers du bailliage appelaient pour assistants les juges de la viguerie, et ceux-ci appelaient également les juges du bailliage pour assistants dans les affaires criminelles qui étaient du ressort de la viguerie.

Les deux juges du bailliage n'en formaient à proprement parler qu'un seul. Leur autorité était égale ; ils partageaient entre eux les procès. Si on avait établi deux juges dans ce tribunal, c'était à cause de la multitude des affaires et pour prévenir les absences, suspicions et maladies de l'un d'eux.

L'avocat et le procureur du roi du bailliage de Perpignan servaient en la même qualité auprès du tribunal de la viguerie, et de ceux de Collioure, Thuir et Prats de Mollo.

Les deux juges, l'avocat et le procureur du roi étaient juges-nés du siège de la maréchaussée et faisaient partie des sept gradués dont ce dernier siège était composé. Ils remplaçaient le juge de la viguerie en cas de suspicion ou d'empêchement.

Les officiers attachés au bailliage de Perpignan n'exerçaient que par commission, à l'exception du greffier. Ils n'avaient pas de gages, mais un simple casuel.

Les sergents étaient nommés par le baille et le nombre n'en était pas fixe. Ils travaillaient pour toutes les juridictions indifféremment, excepté pour celle du Conseil souverain qui avait des huissiers particuliers.

Le bailliage royal de Perpignan était la justice ordinaire de Perpignan et de ses faubourgs, et son ressort ne s'étendait pas au delà des fortifications.

Les différents terroirs de la banlieue n'étaient pas dans le territoire de Perpignan qui n'en avait aucun. Ils dépendaient de différents seigneurs particuliers qui nommaient chacun un baille et un sous-baille et des officiers pour administrer la justice. Ces officiers étaient un juge et un avocat fiscal, qui étaient pris dans l'ordre des avocats, un greffier qui était pris parmi les notaires, et un procureur fiscal, pris dans le collège des procureurs. Une même personne pouvait être nommée à plusieurs justices. Le baille n'avait le droit d'administrer la justice que pour les affaires au dessous de dix livres. En cas d'absence, le baille était remplacé par le premier consul et non par le sous-baille. Ces justices seigneuriales s'exerçaient à Perpignan.

Le baille de Perpignan, juge d'épée, qui avait un sous-baille pour exécuter ses ordres, ne jugeait pas par lui-même ;

la justice était rendue par les deux juges du tribunal du bailliage et en leur nom. Il ne connaissait que des simples querelles de ses justiciables et des affaires extrajudiciaires n'excédant pas la valeur de dix livres. Il était nommé par le roi ainsi que le sous-baille et le chef du guet.

Il présidait à toutes les assemblées des corps et communautés d'arts et métiers, qui ne pouvaient s'assembler sans sa permission, et il avait le droit d'empêcher ou de permettre les danses publiques pendant le jour.

Il recevait les informations des bonnes vie et mœurs et religion des récipiendaires dans les différents corps d'arts et métiers.

Il avait un échantillonneur pour les poids, mesures et cannes, et connaissait des poids, mesures et cannes des marchands drapiers, toiliers et droguistes. A ce sujet il était en contestation avec les consuls qui prétendaient être seuls en droit d'avoir des échantillonneurs.

Il jugeait les appels des jugements rendus par les surposés de l'horte de Perpignan, assisté d'un gradué qu'il prenait pour assesseur. Pour greffier il prenait toujours celui du tribunal du bailliage.

Tous les chefs des différents corps de métiers et arts, les consuls de mer et les officiers de police nommés clavaires, prêtaient leur serment entre ses mains.

Il n'y avait dans le Roussillon qu'un seul *receceur de consignations*, qui les recevait toutes de quelque autorité qu'elles fussent faites. Il était nommé par le Conseil souverain. Cet office était d'un faible produit à cause du peu d'étendue du ressort du Conseil et de la rareté et modicité des ventes judiciaires dont le prix était déposé, seule origine des consignations.

Il n'y avait pas de receveur spécial des amend s. Le contrôleur des actes des notaires recevait celles encourues appartenant au roi. Celles de la police dans Perpignan appartenaient à la communauté qui en avait fait l'acquisition à Louis XIV.

Les criées et ventes judiciaires ou volontaires étaient faites par des crieurs publics et jurés, qui faisaient les enchères et adjudications dont ils dressaient procès-verbal et rapport. Le procès-verbal et le rapport étaient quelquefois dressés par les greffiers des juridictions d'autorité desquelles les ventes étaient faites ou par les notaires qui avaient dressé le devis d'enchère dans les ventes volontaires. Ces crieurs étaient au nombre de douze, nommés par les consuls de Perpignan. Deux de ces douze étaient attachés à la Chambre du domaine pour servir dans ce tribunal et faire les enchères des différents revenus du roi qui en dépendaient.

Il n'y a jamais eu en Roussillon des commissaires aux saisies réelles, l'édit du mois de février 1626 qui les a établis n'ayant jamais été connu dans cette province qui à l'époque n'était pas encore sous la domination de la France. Les huissiers et sergents nommaient pour commissaires et sequestres des saisies qu'ils faisaient un des habitants et voisins des lieux où les saisies étaient faites, lequel sequestre administrait et rendait compte.

Les huissiers priseurs étaient inconnus dans le Roussillon. S'il y avait quelque prisée à faire, les parties nommaient en justice l'expert qu'ils jugeaient à propos. Le juge en faisait de même s'il devait en nommer d'office et il recevait le serment de l'expert ainsi nommé.

Lorsqu'il y avait lieu d'apposer les scellés, c'était le juge ordinaire du défunt, qui, à la requète des intéressés ou du procureur du roi, les apposait lui-même sur les effets du défunt et faisait dresser procès-verbal de son opération par le greffier de la juridiction.

Le greffe du bailliage royal de Perpignan fut cédé en paiement et sans réserve par le roi Philippe d'Aragon à don Gabriel de Lupia pour 3163 ducats et 2 livres 6 sous 8 deniers par lettres patentes du 13 mars 1606. Il appartenait en 1770 au comte de Torralba, seigneur espagnol, et il était régi par un notaire de Perpignan (Les seuls notaires pouvaient régir les greffes en vertu de l'arrêt du Conseil d'Etat du 30 avril 1755 et lettres patentes du même jour). Le produit de ce greffe était de peu d'importance, et il était souvent une charge pour le régisseur en raison de la multiplicité des procédures criminelles, que le roi ne payait point et pour lesquelles il était obligé de prendre des commis.

Les privilèges des officiers du bailliage de Perpignan étaient les mèmes que ceux de tous les officiers royaux. Ils étaient exempts de toutes les charges municipales, tutelles et curatelles, etc. Les premiers officiers exerçaient la profession d'avocat dans toutes les autres cours et juridictions. Ils n'avaient pas de gages. Leurs émoluments étant modiques et ne consistant qu'en un petit casuel, ils profitaient de la liberté qu'ils avaient d'exercer leur profession, sans quoi leurs offices auraient été plutôt à charge qu'à profit.

CHAPITRE IV
Bailliages royaux de Thuir et de Collioure.

SOMMAIRE : Bailliage de Thuir (Composition du tribunal ; greffe) ; — Bailliage de Collioure (Composition du tribunal ; greffe) ; — Cours bannerettes

La justice du bailliage de Thuir était exercée par les juges, avocat et procureur du roi du bailliage de Perpignan et dans Perpignan même.

Le greffier n'était pas le même. Le greffe était possédé en 1770 par Joseph Crozat, notaire, qui l'avait acheté de don Henri Dhervault, chevalier, pour 450 livres sans réserve, par acte du 10 janvier 1750 devant Albafulla, notaire. — Le greffe des surposés de l'horte avait également appartenu à Dhervault, qui le vendit à Salles, notaire à Thuir, par acte devant ledit Albafulla, notaire, le 16 juillet 1743, pour le prix de 590 livres. Ces deux greffes quoique ainsi divisés n'en faisaient qu'un seul pour lequel le possesseur payait une censive annuelle de cinq livres à la communauté séculière de Thuir en gagiste du roi.

Les juges du bailliage de Collioure étaient les mêmes que ceux du bailliage de Perpignan aussi bien que l'avocat et le procureur du roi. Le baille était nommé par le roi et il jouissait à peu près des mêmes droits et privilèges que le baille de Perpignan. Il avait un sous-baille pour l'exécution de ses ordres. Il recevait le serment des officiers de ville autres que les consuls, ceux-ci le prêtant depuis 1735 par devant le Commandant pour le roi de la Place. On a déjà dit au chapitre du bailliage de Perpignan tout ce qu'on pourrait ajouter ici tant pour les émoluments, gages, que pour les privilèges.

Le greffe du bailliage de Collioure appartenait au roi et il était compris dans la ferme de ses domaines du Roussillon. Il était sous-affermé avec le greffe d'Argelès aliéné en 1713 à cinquante livres par an, et il était encore à charge au roi à cause des frais de justice payés pour procès extraordinaires poursuivis à la requête du procureur du roi de cette juridiction. Pour ce motif, par arrêt du Conseil d'Etat du 17 octobre 1730, enregistré à la Chambre du Domaine le 12 janvier 1731, ce greffe fut donné par forme d'emphytéose perpétuelle à Joseph Bosc, notaire à Perpignan, pour lui, ses hoirs et ayants-cause, pour censive de cinq livres et à la charge de la directe et mouvance en faveur du Roi en cas de vente ou engagement, même à la charge de faire toutes les procédures du greffe dans les procès poursuivis à la requête du procureur du roi au bailliage, sans espoir de paiement sur le roi, sauf à se les faire payer sur les biens des prévenus s'ils étaient suffisants. Ce greffe produisait annuellement de 20 à 30 livres, ce qui était insuffisant pour payer à un commis les procédures criminelles poursuivies à la requête du roi, de telle sorte qu'il était à charge ou au moins ne produisait aucun revenu, car le greffier n'avait d'autre produit net que le petit casuel que pouvait lui procurer la procédure.

Ainsi qu'il a été dit, les barons et seigneurs justiciers nommaient les officiers qui exerçaient la justice dans leurs terres. Ils avaient dans l'étendue de leur justice un baille qui était à leur nomination. Le baille seul résidait dans le lieu de sa juridiction et y décidait des affaires sommaires jusqu'à la valeur de 10 livres. A l'égard des juges qui connaissaient des affaires plus compliquées, les seigneurs les choisissaient parmi les avocats de Perpignan et c'était à Perpignan même qu'ils prenaient connaissance des procès de leurs justiciables et qu'ils en décidaient. Un même avocat réunissait quelquefois avec les causes dont il était chargé comme avocat vingt et trente judicatures de cette espèce.

CHAPITRE V
Juridiction du Corps de ville de Perpignan.

SOMMAIRE : Compétence (Manufactures, Ruisseau de Las Canals, Patronages, Police, Octroi, Préséances, Autorité civile et militaire et en matières criminelles); — Bourgeois nobles (Immatriculation, règlements, privilèges); — Consuls, leur extraction dans les trois ordres ; — Bourse de l'hôtel de ville, insaculations, Conseil particulier d'insaculation ; — Privilèges particuliers aux consuls. — Corps de ville de Thuir et de Collioure.

Les consuls de Perpignan, au nombre de cinq, étaient les Juges des Manufactures en vertu des Lettres patentes du roi Pierre d'Aragon des 3 mars 1365 et 10 avril 1387, confirmées par Alphonse, roi d'Aragon, le 23 octobre 1417, et par sentence royale du 8 avril 1432, enfin par la Constitution de Charles V de 1520. — La Déclaration du mois d'août 1699 qui commet aux fonctions des Juges des Manufactures n'eut pas son effet à Perpignan, non plus que l'Edit du mois d'octobre 1704 portant création en titre d'offices héréditaires de deux Inspecteurs généraux des manufactures de draps et toiles dans chaque Généralité.

Ils avaient toute juridiction sur le ruisseau royal appelé de *Las Canals,* qui fournit de l'eau à la ville et à la citadelle de Perpignan et arrose partie de la plaine de Roussillon, conformément aux Lettres patentes de Ferdinand, roi d'Aragon, données à Medina dels Camps le 10 septembre 1504 et celles données à Monçon le 18 août 1510, ce qui fut confirmé par arrêt du Conseil d'Etat le 13 mars 1725, à la charge que les jugements des Consuls concernant la police du dit ruisseau et les contraventions aux règlements ne pourraient être exécutés qu'après la révision de l'Intendant.

Ils étaient patrons de toutes les églises paroissiales de Perpignan et de l'hôpital général des malades et les chefs de toutes les Confréries de dévotion et de tous les Corps et Communautés d'Arts et Métiers, et en cette qualité seuls en droit de leur donner des statuts et règlements, pour l'exécution et contravention desquels toute contestation était portée devant eux et par appel au Conseil souverain.

Ils avaient la police de la ville et en faisaient les règlements que les clavaires faisaient exécuter. Les jugements des clavaires étaient portés par appel devant eux et l'avocat faisant office d'assesseur qui les assistait, et leurs sentences étaient autrefois définitives ; mais depuis l'établissement du Conseil souverain, celui-ci connaissait par appel après les consuls.

Ils établissaient les octrois sans en être comptables aux officiers royaux.

Ils maintenaient les rangs et préséances des trois états politiques et de chaque Corps en particulier.

Ils prétendaient avoir l'autorité civile et militaire dans la ville et son territoire, et avoir le droit de faire des règlements en matières civiles et criminelles et d'imposer des peines corporelles.

Le Corps de ville de Perpignan, formé par les cinq consuls, avait un privilège singulier. Il pouvait créer tous les ans des *Bourgeois nobles*. Il y avait pour cela un jour fixe qui était le 16 juin sans en pouvoir prendre un autre. Ce jour, ainsi que la manière de procéder, avaient été fixés le 18 août 1449 par une sentence arbitrale de la reine Marie, épouse d'Alphonse V, roi d'Aragon, et sa lieutenante générale. En vertu de cette sentence, les consuls en activité s'assemblaient avec ceux des bourgeois nobles, gentilshommes et avocats, qui avaient été premiers ou second consuls. Ils devaient être au moins quatorze en comptant les cinq consuls. Ainsi réunis ils avaient le pouvoir de choisir à la pluralité de dix voix sur quatorze les personnes qu'ils voulaient et de les immatriculer dans la liste des Bourgeois nobles.

Depuis la réunion du Roussillon en 1660 à la couronne de France, le même règlement concernant la création des Bourgeois nobles a continué d'être suivi jusqu'à l'époque de la Révolution, à quelques légers changements près ordonnés et approuvés en différents temps, savoir :

Par arrêt du Conseil d'Etat et Lettres patentes du 22 novembre 1671, les consuls de la ville de Perpignan étaient tenus chaque année avant de procéder à l'insaculation de donner aux Gouverneurs ou Commandants et à l'Intendant du Roussillon la liste des personnes qu'ils voulaient insaculer dans chaque bourse pour être la dite liste examinée par le

Gouverneur ou Commandant et par l'Intendant conjointement et séparément et pour de cette liste ôter les postulants qui pourraient être suspects au service du roi. En outre, il était ordonné qu'il ne serait créé chaque année que deux bourgeois nobles, ceux-ci devant jouir au moins de cent pistoles de rente.

En 1700, la dénomination de Bourgeois nobles ayant paru aux habitants de Perpignan pouvoir porter par l'équivoque quelque atteinte à l'idée que l'on devait avoir de la véritable noblesse attachée à ce titre, ils changèrent cette dénomination en celle de Citoyens nobles, que la Cour sembla avoir approuvée en l'employant elle-même dans plusieurs actes.

Par arrêt du Conseil d'Etat et Lettres patentes du 26 mai 1714, il fut prescrit qu'il serait tenu chaque année six semaines avant le temps marqué pour l'élection des Citoyens nobles une assemblée préliminaire dans laquelle les électeurs devaient déclarer s'il serait ou non créé des citoyens nobles cette année-là.

Par arrêt du Conseil d'Etat et Lettres patentes du 30 mai 1733, il fut réglé que les seuls habitants de Perpignan, soit originaires, soit qu'ils fussent venus s'y établir d'ailleurs, et qui auraient en outre 1500 livres de rente, seraient susceptibles d'être citoyens nobles.

Les citoyens nobles et leurs descendants à perpétuité jouissaient sans avoir besoin de Lettres du Prince de toutes les prérogatives des nobles dans l'Ordre de Malte, Langue d'Aragon, Prieuré de Catalogne. La qualité de Citoyen noble était reçue pour un degré. En 1710, l'Intendant de la province dressa un mémoire tendant à établir que le Citoyen noble n'était pas gentilhomme et ne pouvait le devenir lui ni sa postérité que par Lettres du Prince ou par le moyen des charges qui confèrent la noblesse. Xaupi, dans ses *Recherches historiques*, a prétendu et a semblé prouver que la noblesse des Citoyens nobles était pleine et entière et qu'elle ne différait point de toute autre noblesse de quelque manière qu'elle fut acquise. Il trouva des contradicteurs dans les anciens gentilshommes, et il y eut même à cet égard plusieurs procès au Conseil du Roi que l'on ne crut pas devoir juger, sans doute en raison du trouble qui serait résulté de la décision dans une province dont les esprits étaient très irritables.

Les consuls de Perpignan ont toujours été au nombre de cinq, tous ayant le même droit, le premier n'étant que *primus inter pares*. Ils étaient extraits au sort tous les ans et pris dans les trois états qui composaient l'ordre politique de la Communauté.

Le premier et le second chaperon étaient affectés au premier Etat, qui était composé des Gentilshommes ou nobles par Lettres du Prince, appelés vulgairement *cavallers* ou *militars*, des Citoyens ou Bourgeois nobles inscrits à la matricule et des avocats, qui tous ensemble composaient le premier Etat ou Ordre. Il est à observer que les deux premiers chaperons étaient alternatifs, c'est-à-dire qu'il y avait toujours un Gentilhomme et un Citoyen noble ou avocat consuls premier et second alternativement. Lorsque le premier consul était gentilhomme, le second était citoyen noble ou avocat, et l'année suivante un de ces derniers était premier consul et le gentilhomme second. Les médecins quoique jouissant des privilèges des nobles n'ont jamais eu de part au gouvernement politique de la ville.

Les troisième et quatrième chaperons étaient occupés par les *mercaders* et notaires indistinctement comme formant le second Etat ou Ordre de citoyens. Les mercaders étaient des négociants en gros, des armateurs, qui après avoir fait recevoir information de bonnes vie et mœurs et honnête famille et prouvé un revenu fixe de cinq cents livres par an, étaient reçus à la matricule de la ville par les consuls et par tous ceux qui avaient été consuls troisièmes et quatrièmes. Leurs enfants et descendants et ceux des dits notaires jouissaient à perpétuité du même état pourvu qu'ils n'exerçassent pas des arts mécaniques.

Le cinquième consul était pris dans le corps des hommes de place qui étaient des habitants vivant honnêtement de leur bien ou d'un peu de bien et quelque négoce, dans les autres corps d'arts et métiers appelés collèges, comme procureurs, marchands, chirurgiens, apothicaires, peintres, doreurs, sculpteurs, etc., et dans les corps d'artisans connus sous la dénomination de *manestrals*, comme tailleurs, cordonniers, menuisiers, serruriers, maçons, maréchaux à forge, etc., qui tous ensemble avec les jardiniers, brassiers et vignerons, composaient le troisième état ou ordre. Mais comme dans cet état on faisait trois classes, savoir celle des corps appelés collèges, celle des corps de manestrals appelés confréries et celle des brassiers et vignerons, les deux premières classes avaient le cinquième chaperon alternativement, les brassiers et vignerons n'entrant pas dans l'administration de la ville.

Ainsi qu'il vient d'être dit, les marchands étaient compris dans le troisième état et concouraient à la place du cinquième consul. C'étaient toute sorte de marchands comme drapiers, toiliers, merciers, quincailliers, droguistes, qui ne faisaient qu'un seul corps ou collège. Tous étaient détaillants, car il n'y avait pas à Perpignan de marchands en gros proprement dits. Ce collège des marchands prétendit exclure les mercaders immatriculés des charges de la ville ou au moins être reçu en concurrence avec eux et les notaires tant pour les charges du consulat de la ville que pour celles du consulat de mer. Ils en furent déboutés par arrêt du Conseil d'État du 25 août 1718. Le roi leur accorda cependant par le même arrêt une troisième place de consul de mer, n'y en ayant eu jusqu'à cette époque que deux, mais cet arrêt ne fut exécuté qu'en 1729. A cette époque le corps des marchands qui avait gardé le silence en demanda l'exécution aux consuls de la ville qui, par leur règlement du 20 juin 1729, établirent une troisième bourse pour l'extraction d'un troisième consul marchand et de deux conseillers.

En novembre 1733, le roi créa à Perpignan de nouveaux offices de maire, lieutenant de maire, trois consuls, procureur du roi, trésorier, greffier, etc., pour être ces dits offices acquis par toute sorte de particuliers moyennant finance. Mais personne ne se présenta pour en faire l'acquisition, et il fut procédé comme par le passé à l'extraction des charges. Néanmoins en raison des besoins de l'État, la province paya pour ces offices 240.009 livres en principal et deux sous par livre.

Il y avait à l'hôtel de ville de Perpignan des Bourses pour toutes les charges et offices, de consuls et autres, dans lesquelles on mettait les noms des sujets qui pouvaient concourir et il n'y en avait à chaque bourse qu'un nombre fixe. Personne ne pouvait y être placé qu'après avoir été approuvé par le Gouverneur ou Commandant et par l'Intendant. En outre, cette admission ou insaculation des sujets approuvés ne pouvait être faite par les *consuls* qu'avec l'approbation d'un conseil

particulier de ville appelé *douzaine d'insaculation*, composé
de douze personnes, savoir quatre de chacun des trois états
tirés au sort, qui suffrageaient par scrutin secret et n'étaient
pas tenus de déclarer les motifs qu'ils pourraient avoir en
excluant quelqu'un. Six semaines avant le renouvellement
des charges on extrayait au sort trois sujets de chaque
bourse, puis un conseil d'élection désignait au scrutin secret
celui des trois qui devait occuper la charge vacante.

Comme privilèges particuliers, les consuls de Perpignan
avaient le droit de porter leur chaperon dans toute la province, d'être exempts des octrois et de toute autre charge
pendant leur consulat. En outre, le premier consul était
colonel-né au régiment de Perpignan ; et en cas de mort ou
d'absence, le privilège passait au second consul ou au troisième.

A Thuir et dans toutes les villes et lieux de ce bailliage, les
consuls exerçaient la police. Ils avaient sous leurs ordres des
officiers appelés *clavaires* dont la fonction était de tenir la
main à l'exécution des ordonnances et des règlements tant
généraux que particuliers, d'inspecter les denrées qu'on ap-
portait dans les marchés et à jeter celles qui étaient de mau-
vaise qualité, et qui n'avaient d'autres émoluments que ce
qu'ils retiraient en nature de leur droit de visite. Toutes les
discussions et contestations étaient portées devant l'Intendant, qui administrait une justice primitive et souveraine,
sauf l'appel au Conseil souverain.

Comme leurs confrères et pendant l'année de leur exercice,
les consuls de Thuir étaient regardés comme officiers royaux,
et ils étaient dispensés des corvées, du guet, des gardes et
autres charges, et ce en vertu d'un usage constant qui ne
paraissait point appuyé sur aucune loi commune.

A Collioure, — les consuls étaient au nombre de trois et extraits au sort le 27 Décembre de chaque année des trois
bourses, — où ils ne pouvaient être insaculés qu'après l'approbation du Commandant et de l'Intendant. On faisait de même
l'extraction d'un receveur, d'un trésorier et de deux syndics.
Ceux-ci n'avaient pas de gages mais ils étaient payés lorsque
les affaires de la ville les obligeaient à sortir à raison de
quatre livres par jour. Le clavaire pour la police et les trois
auditeurs de comptes étaient de même extraits au sort tous

les ans le premier Janvier. — Les consuls de Collioure jouissaient des mêmes privilèges que ceux de Thuir, et, comme ceux de Perpignan, pendant qu'ils étaient en place, ils étaient, par privilège particulier, du for des juges du bailliage de Perpignan au lieu d'être du for du juge de la Viguerie.

CHAPITRE VI
Chambre du domaine.

SOMMAIRE : Compétence ; — Composition du tribunal ; — Historique ; Privilèges ; — Greffe.

La chambre du domaine connaissait de l'arrosement des terres, de l'écoulement et de la distribution des eaux, de la pêche, des épaves, du lit et de l'alignement des rivières autres que de celles de la Tet, du Tech et de l'Agli, pour lesquelles l'Intendant avait une attribution particulière, de la chasse et de tout ce qui concernait les forêts.

Elle jugeait au civil et au criminel les vassaux du roi, les meuniers tant pour leurs personnes que pour les eaux de leurs moulins. Les leudes et les péages, soit du roi, soit des seigneurs, étaient de sa compétence. Elle avait l'inspection des voies et des chemins, et elle nommait les experts pour les bâtiments.

Sa juridiction s'étendait sur les biens vacants, les fours bannaux, les mines et minières, les bacs, les places et marchés publics, les eaux vives et les forges. Elle veillait à la conservation des droits domaniaux ; elle était chargée de la confection et du renouvellement des terriers du roi, elle recevait les reconnaissances des fiefs et elle en donnait les investitures.

Elle connaissait des contestations sur les salaires et honoraires des notaires, et pouvait seule obliger les notaires à donner des expéditions des actes et contrats et permettre les extraits des actes lacérés ou déchirés.

La Chambre du domaine établie en Roussillon tenait lieu de la Chambre du patrimoine ou Cour du procureur royal qui existait avant 1660. Louis XIV, qui la supprima cette année par un édit du mois de juin à Saint-Jean-de-Luz, en attribua par le même édit la juridiction au Conseil souverain du Roussillon qu'il créait en même temps.

Cette juridiction fut d'abord exercée par le président du Conseil souverain avec attribution souveraine, en vertu des Lettres patentes du 20 novembre 1662.

En 1667, par Lettres patentes du premier février, le roi lui associa les deux avocats généraux et le procureur général du roi du Conseil souverain, qui devaient exercer avec lui tous les actes d'administration et toutes les fonctions judiciaires, sauf appel au Conseil souverain.

En 1688, conformément aux Lettres patentes du 7 décembre, le président qui avait exercé jusques alors étant mort, il fut remplacé par un président ou conseiller relevé annuellement suivant l'ordre du tableau et qualifié, l'année de son exercice, de *Commissaire du domaine*.

Par Lettres patentes du 18 novembre 1727, le roi établit un commissaire du domaine à vie.

En 1753, les officiers du Conseil souverain reprirent par tour annuel la fonction de commissaire du domaine.

Par sa déclaration du 1er juin 1759, le roi donna au tribunal du domaine une forme permanente et distincte du Conseil souverain. Il la composa d'un président, de deux conseillers et d'un procureur du roi. Les appellations se relevaient au Conseil souverain.

En vertu de la même déclaration, le président et les deux conseillers étaient conseillers honoraires au Conseil souverain, et y avaient séance et voix délibérative après les titulaires dans tous les cas dont ils n'avaient pas connu en première instance ; et le procureur du roi était avocat général honoraire au même Conseil. La chambre du domaine fut supprimée quelques années avant la Révolution et remplacée par une section du Conseil souverain.

Le greffe de la Chambre du domaine fut réuni à celui du Conseil souverain par la déclaration du roi du 17 juin 1759 ; mais par lettres patentes du 10 juillet suivant il fut ordonné que le sieur Joseph Bosc, notaire et greffier de la dite chambre nommé en survivance par arrêt du Conseil d'Etat du 2 janvier 1731, continuerait d'exercer pendant sa vie, la dite réunion demeurant suspendue jusques après son décès.

Les officiers de la Chambre du domaine étant tous officiers royaux ou regardés comme tels, ils jouissaient de l'exemption de toutes les charges publiques et municipales, guet et gardes, tutelles, etc.

CHAPITRE VII
Juridiction des gabelles.

SOMMAIRE : Composition du tribunal ; — Appels, historique ; · Commission extraordinaire de Valence ; — Privilèges des officiers des gabelles.

La juridiction des gabelles fut établie par un édit du mois de décembre 1661, le même qui établissait l'imposition de la gabelle dans la province.

Ce même édit composa cette juridiction d'un *visiteur général* avec titre de conseiller du roi, ayant droit de séance et voix délibérative au Conseil souverain. L'édit donné à Versailles au mois d'octobre 1708 adjoignit au visiteur un procureur du roi. Les appels étaient portés au Conseil souverain.

Plus tard, par arrêt du Conseil d'Etat du 24 juin 1679, une restriction fut apportée à l'autorité du Conseil, celle qui concernait les comptes du fermier, dont l'examen et le jugement furent attribués pour la commodité du fermier à la Cour des comptes, aides et finances de Montpellier ; et par arrêt et lettres-patentes du 26 août 1749, le roi renvoya à cette même Cour des aides de Montpellier les appels de toutes les sentences des juges des gabelles.

Cependant un arrêt du Conseil d'Etat du 28 février 1758 rendit tous les appels au Conseil souverain du Roussillon.

En vertu d'un arrêt particulier d'attribution en date du 20 janvier 1756, la Commission extraordinaire de Valence eut à connaître de toutes les affaires concernant le faux saunage et les attroupements de contrebandiers avec ou sans armes, au nombre de cinq ou plus.

Par l'édit d'avril donné à Marly en 1696, les officiers des gabelles étaient exempts du logement des gens de guerre, du guet et des gardes, des tutelles, curatelles et autres charges publiques, et ils jouissaient de la faculté d'acquérir des terres

nobles et de jouir de tous droits honorifiques des dites terres
sans être tenus de payer les taxes ordinaires et sans être
sujets au ban, à l'arrière-ban.

Toutes ces prérogatives furent annulées par l'édit d'août
donne à Versailles en 1715, quant aux offices dont la première finance était au-dessous de dix mille livres.

Le visiteur général des Gabelles, qui avait rang et séance
au Conseil souverain, jouissait des mêmes privilèges que les
autres conseillers, et en outre il avait droit à deux minots
de franc-salé estimés 21 livres 6 sous. Le procureur du roi
et le greffier du tribunal des gabelles étaient comme officiers
royaux exempts des charges publiques.

CHAPITRE VIII
Juridiction des traites.

SOMMAIRE : Compétence ; — Composition du tribunal ; — Appels ; —
Historique ; — Privilèges des officiers des traites.

La juridiction des traites, établie à Perpignan en vertu de
l'édit du mois de mai 1691, connaissait des fermes du roi, et
des marchandises prohibées par rapport à leur introduc-
tion.

Suivant l'édit enregistré le 19 juin 1691 à la Chambre des
comptes de Paris et le 28 du même mois à la Cour des aides
de Paris, le tribunal des traites était composé d'un conseiller
du roi, président, juge des droits d'entrée et de sortie et autres droits annexes, d'un conseiller du roi faisant fonctions
de lieutenant de procureur du roi, d'un greffier et de deux
sergents royaux. En 1709 on adjoignit deux autres conseillers alternatifs et triennaux.

Les appels étaient les mêmes que pour les gabelles et ils
subirent les mêmes variations tant pour les jugements rendus
par le tribunal que pour les comptes des fermes.

Les juges des traites furent d'abord établis en France sous
le nom de *maitres des ports et juges des traites* et créés en
titre d'office par édit du roi Henry II du mois de septembre
1549 et confirmé par lettres patentes du 15 novembre 1551.

Louis XIV par son édit du mois de mars 1667 confirma encore cet établissement.

Le peu de gages que les officiers des traites recevaient et la nécessité où l'on avait été pour le bien du commerce et la circulation des denrées de retrancher à diverses époques certains droits manuels que les juges des traites percevaient sur les négociants avaient fait tomber la plus grande partie des offices dans les revenus casuels, en sorte que presque tous les tribunaux des traites étaient remplis par de simples officiers pourvus de simples commissions.

En 1691, le besoin d'argent fit supprimer tous ceux des officiers des traites qui étaient vacants aux parties casuelles et l'on créa d'autres offices héréditaires avec des gages suffisants, en accordant pareillement aux pourvus de quelques-uns des offices l'hérédité et la même augmentation de gages. C'est ce que le roi effectua par l'édit du 19 juin 1691.

L'édit de juin 1691 accorde à tous les officiers créés par cet édit, à l'exception des huissiers, l'exemption de toutes assemblées de ville, de tailles, ustensiles, subventions, logement des gens de guerre, guet et garde, et autres impositions. Ces exemptions qui étaient portées implicitement dans l'édit, furent détaillées dans l'arrêt du Conseil d'Etat du 24 juillet 1691.

L'édit de 1709 ajouta aux privilèges précédents l'exemption de toutes charges publiques, de tutelles, etc.

Mais l'édit du mois d'août 1715 vint anéantir ces privilèges pour tous les offices dont la première finance était au-dessous de dix mille livres.

CHAPITRE IX
Juridiction de la monnaie.—Juridiction du tabac.

SOMMAIRE : Juridiction de la monnaie (Compétence ; — Composition du tribunal, fonctions et privilèges des juges de la monnaie) ; — Juridiction du tabac.

La juridiction de la monnaie connaissait en première instance de l'altération du titre dans le travail des orfèvres, des crimes et délits commis dans l'enclos de l'hôtel de la monnaie, et généralement des contraventions aux ordonnances, règlements, édits, arrêts et déclarations rendus sur le fait des monnaies.

Le tribunal de la monnaie de Perpignan fut érigé par édit du mois de juillet 1710. Il se composait de deux juges-gardes, d'un procureur du roi, d'un greffier, de deux huissiers et d'un contrôleur, ce dernier et les huissiers n'étant pas compris dans le nombre des officiers de la monnaie.

Les juges donnaient les commissions pour l'échange des espèces étrangères dans la province, et ils avaient le droit de punir ceux qui se mêlaient de cette opération et de prononcer la confiscation des espèces étrangères qu'on exposait dans le commerce ou qui étaient trouvées dans les successions. Ils recevaient les employés aux monnaies et maintenaient l'ordre et la règle dans l'hôtel. Ils étaient appelés juges-gardes parce qu'ils avaient en garde le dépôt des poinçons, matrices et carrés. Le contrôleur était pour les suppléer le cas échéant, et pour contrôler le change et toutes les opérations relatives au travail et à la fabrication des monnaies.

Ces juges ayant cru être en droit de donner des statuts au corps des orfèvres et de recevoir des maîtres voulurent en faire la tentative, mais les consuls de Perpignan s'étant adressés au Conseil supérieur, il fut rendu un arrêt le 3 mars 1733 qui restreignait les droits des juges sur les orfèvres à ce qui pouvait concerner uniquement l'altération du titre des matières qu'ils employaient dans leurs ouvrages.

Les officiers de la monnaie de Perpignan furent créés par l'édit de juillet 1710 pour exercer par commission. Plus tard ces places furent créées en titre d'office héréditaire, à l'exception de celles de procureur du roi et de greffier, moyennant finance. Les deux juges et le contrôleur étaient pourvus par le roi, le procureur du roi exerçait par commission du procureur général de la Cour des monnaies de Lyon, le greffier et les huissiers étaient commissionnés par les juges-gardes.

Suivant l'édit de 1710, les officiers de la monnaie étaient exempts de guet, garde, entretien et logement des gens de guerre, de tutelle, curatelle, charges municipales et publiques, tout comme les autres officiers royaux et des autres monnaies. Ils avaient prétendu, eux et tous les employés de monnaie, être francs des droits d'octroi, mais par arrêt du Conseil d'Etat du 25 novembre 1732, ils furent déboutés de leur prétention à la requête du syndic de la ville.

La juridiction du tabac fut établie à Perpignan par arrêt du Conseil d'Etat donné à Versailles le 16 juin 1699. Il y eut dès l'origine un juge et un greffier particuliers pour le tabac. Mais cette judicature et le greffe furent joints aux gabelles lorsque les deux fermes furent réunies. Le juge des gabelles était nanti d'une commission particulière pour le tabac ainsi que le greffier et le procureur du roi.

CHAPITRE X
Tribunaux de l'Intendant de la province, de la Maréchaussée et de la Capitainerie générale.

SOMMAIRE : Tribunal de l'Intendant de la province, sa compétence ; — Tribunal de la Maréchaussée (Composition, gages et privilèges des officiers) ; — Tribunal de la Capitainerie générale (Compétence, justiciables de ce tribunal, sauvegardes, composition du tribunal, appellation, gubernation, privilèges).

L'intendant du Roussillon connaissait du port et usage du prohibé (Arrêts du Conseil d'Etat des 25 mai et 14 septembre 1728), des contraventions sur le prohibé découvertes dans l'intérieur des terres (Arrêt du Conseil d'Etat du 1er février 1724), des contraventions sur le prohibé découvertes sur les vaisseaux et dans les ports, côtes et rivages (conjointement avec les amirautés), de la police et administration des bois du Roussillon (Déclaration du 17 juin 1759), des ouvrages à faire pour contenir dans leurs lits les rivières de la Tet, du Tech et de l'Agli (Arrêts du Conseil d'Etat des 11 octobre et 31 décembre 1736, 29 mars 1740 et 18 janvier 1752), de la perception des droits sur les huiles et les savons (Edit du mois d'octobre 1710), des règlements et contraventions sur le ruisseau de la ville de Perpignan appelé de *las Canals* par appel des jugements des consuls de cette ville (Arrêt du Conseil d'Etat du 13 mars 1725), et des contestations sur la perception des droits d'impériage et de real (Arrêt du Conseil d'Etat du 25 février 1749).

3

Comme les intendants des autres provinces du royaume, il connaissait du recouvrement des contrôles, des francs-fiefs, des amortissements, des contestations sur la capitation et autres impositions, etc.

Le Tribunal de la Maréchaussée, dont le juge de la Viguerie du Roussillon était président-né, connaissait par jugement souverain de tous les cas prévôtaux. Néanmoins pour quelques cas de simple discipline concernant le service de la Maréchaussée, il ressortait de la connétablie. Les officiers attachés à ce tribunal avaient les gages suivants : le prévôt général, 3000 livres ; le lieutenant, 1500 livres ; l'assesseur, 300 livres ; le procureur du roi, 300 livres ; le greffier, 350 livres ; et le trésorier, 250 livres.

En vertu de l'édit de 1720 et des lettres-patentes de 1730, ils jouissaient des mêmes privilèges que les officiers des autres maréchaussées du royaume.

Le Tribunal de la Capitainerie générale connaissait de toutes les affaires civiles et criminelles où ses justiciables étaient défendeurs, à l'exception des affaires des fermes, traites, gabelles, commerce, police, ainsi qu'il fut réglé par les arrêts du Conseil d'Etat du 21 août 1663 et 18 avril 1664.

Les justiciables de cette juridiction étaient les sauvegardes, les cinquante gardes du gouverneur, les canonniers attachés au service des places de guerre, et tous ceux à qui le gouverneur jugeait à propos d'accorder des lettres de sauvegarde, dans la ville de Perpignan et la province, ensemble leurs femmes, leurs veuves et enfants tant qu'ils étaient sous la puissance de leurs pères.

Le gouverneur de la province de Roussillon avait le droit de nommer à une place dans chaque corps et chaque communauté. Celui qui obtenait cette place avait, en vertu des lettres de sauvegarde qui lui étaient accordées, le droit d'exercer la profession pour laquelle ces lettres lui étaient accordées et il jouissait en outre des exemptions attachées aux officiers du gouvernement. De la sorte il se trouvait sous la protection particulière du gouverneur et sous sa juridiction en ce qui concernait la jouissance de ses privilèges et toutes les affaires où il était défendeur.

Le gouverneur de la province nommait tous les officiers de ce tribunal. Il prenait toujours pour juge assesseur un conseiller du Conseil souverain, mais le procureur du roi qu'il choisissait ne pouvait exercer qu'en première instance en vertu d'un arrêt du Conseil d'Etat du 6 février 1767.

Les appellations des jugements rendus par le tribunal de la Capitainerie générale étaient portées devant deux des officiers du Conseil souverain, non en qualité de Cour souveraine, mais comme des commissaires délégués par le roi en cette partie. Ces deux officiers étaient le premier président et le doyen des conseillers ; ils décidaient souverainement des causes. Si l'un des deux était empêché il était remplacé par celui des conseillers qui les suivait par rang du tableau et à l'exclusion des autres deux présidents du même conseil. C'est ce qui fut réglé par arrêt du Conseil d'Etat du 24 novembre 1714.

Le tribunal de la capitainerie générale, juridiction du gouverneur, était un établissement particulier au Roussillon.

C'était un reste de l'ancien tribunal de la *gubernation* supprimé en 1660 par l'édit du mois de juin donné à Saint-Jean-de-Luz. Cette juridiction fut réglée par les arrêts du Conseil d'Etat des 21 août 1663 et 18 avril 1664.

Les officiers de ce tribunal avaient les mêmes privilèges que les juges royaux. Ils n'avaient aucun gage et leur casuel était des plus modiques.

CHAPITRE XI

Amirauté. — Le Vegariu près Torreilles.

L'amirauté connaissait des affaires concernant la navigation, les prises, le commerce de mer, les armements, etc.

Le tribunal de l'amirauté, qui siégeait à Perpignan, avait été établi pour Collioure par l'édit d'avril 1691.

Par l'édit de mai 1711, les appels de ce tribunal avaient été donnés au Parlement de Toulouse ; mais ils furent rendus au Conseil souverain de Perpignan par une déclaration du 20 décembre 1718, sur le considérant que suivant les constitutions, lois et pragmatiques du Roussillon, les habitants ne pouvaient être traduits hors de leur ressort et que Louis XIV les avait maintenus dans cette prérogative par divers édits et déclarations.

L'édit d'avril 1691 qui établit à Collioure un tribunal d'amirauté créa pour le service de ce tribunal un lieutenant particulier, un procureur du roi, un greffier, un huissier visiteur, deux sergents. Ces offices ne furent pas levés.

Par édit de mai 1711, les offices créés par l'édit d'avril 1691 furent supprimés, et à leur place il fut créé un plus grand nombre d'officiers auxquels on attacha des droits et prérogatives capables de les faire rechercher. Ces offices étaient un lieutenant, un assesseur, un procureur du roi, un greffier, trois procureurs postulants, un huissier audiencier et deux sergents.

Malgré les différents avantages attachés à ces offices, la plus grande partie restèrent sans être levés ; ils demeurèrent tous vacants près de trente ans.

En 1739, Serra et Balanda, juges au bailliage de Perpignan, et Cazes, procureur du roi au même siège, furent nommés par l'amiral aux trois premiers offices, et il leur fut donné des lettres du grand sceau confirmatives de cette nomination. Elles furent enregistrées au Conseil souverain de Roussillon où l'ordonnance de la marine fut aussi envoyée pour y être enregistrée et publiée, ce qui fut fait au mois de septembre de la même année 1739. Grosset fut nommé greffier au siège de l'amirauté ainsi établi.

Comme cette juridiction avait été jusqu'alors inconnue dans le Roussillon, les officiers nommés pour l'exercer durent demander l'envoi des instructions nécessaires. Serra ayant été promu à une place de conseiller au Conseil souverain, Balanda commença d'exercer en 1740 l'office de lieutenant. Il travailla deux ans à mettre à exécution les règlements reçus de la Cour et à faire appliquer les petits droits casuels attribués aux offices de lieutenant, procureur du roi et greffier. Mais en 1742 il reçut avis du secrétaire général de la marine qu'il avait été fait une offre de 200 livres pour lever l'office de lieutenant. Balanda représenta que la vénalité des charges n'avait pas lieu en Roussillon et qu'il n'était pas juste qu'il fut privé du fruit de son travail, n'ayant pas été dédommagé des frais d'un voyage qu'il avait fait en Provence et en Languedoc pour s'instruire da' s les différents ports de ce qui s'y pratiquait. Ses .eprésentations furent inutiles et ne produisirent d'autre effet que la préférence qui lui fut accordée pour la finance de cet office, qui lui coûta avec les provisions et réception la somme de cent pistoles.

Cazes fils, après le décès de son père, se présenta pour lever aux parties casuelles l'office que son père avait laissé par commission. La finance lui coûta 400 livres.

Jacques Grosset, après le décès de son père, fut pourvu de l'exercice du greffe à titre de fermier, et il eut à payer 60 livres par an.

Les autres offices considérés comme d'un rapport nul ne furent pas levés.

Fontaner, procureur postulant, croyant que cet office lui donnait le droit d'occuper dans les sièges royaux du Roussillon, acheta sa charge pour 250 livres. Mais la communauté des procureurs de la ville de Perpignan obtint du Conseil souverain de la province un arrêt faisant défense à Fortaner de postuler hors la juridiction de Collioure.

L'édit du mois d'août 1758 ayant imposé aux officiers de l'amirauté du Roussillon une augmentation de finance de 1000 livres, ils en firent la répartition entre eux, et ils comptèrent de suite, le lieutenant 650 livres et le procureur du roi 250 livres.

Ces officiers ne retiraient de leurs charges que des revenus très modiques, vu le mauvais état des ports du Roussillon. Ils étaient taxés au rôle des juges subalternes pour la capitation, et ils ne jouissaient que des privilèges portés par l'édit de création de 1711. Ces privilèges furent abolis par l'édit d'août 1715 pour toutes les charges dont la première finance était au-dessous de 10.000 livres.

Le Vegariu était un terroir non habité dont la justice appartenait au roi. Il était situé entre la rivière de la Têt et celle de l'Agly. Le roi avait le droit exclusif d'y paccager. Les propriétaires des terres qui y étaient enclavées n'avaient pas le droit d'y faire paitre leurs bestiaux et d'y labourer à moins d'être abonnés avec le fermier des Domaines dans le bail duquel cette partie se trouvait comprise. Suivant la tradition, le Vegariu était autrefois affecté à la nourriture de la cavalerie et des haras du roi, et il était regardé comme une dépendance des domaines royaux.

Il n'y avait qu'un seul officier affecté à ce terroir. C'était un baille que le roi nommait à vie, mais qui n'était réellement qu'une espèce de garde-terre préposé pour verbaliser contre ceux qui introduisaient des bestiaux dans le Vegariu sans la permission du fermier. Il n'avait aucun gage ; il jouissait seulement des privilèges attachés aux officiers royaux, comme exemption de tutelle, curatelle, guet et garde, corvées et charges municipales.

Le Vegariu formait une justice royale dont le siège était la Chambre du domaine.

CHAPITRE XII

Consulat de mer. — Juridiction des fours. — Tribunal de la pieuse aumône.

SOMMAIRE : Consulat de mer (Compétence ; — Composition du Consulat, historique ; — Impériage, son emploi ; — Extraction ; — Privilèges). — Fours (Templiers, ordre de Malthe ; — Juridiction ; — Anciens droits de la ville de Perpignan). — Pieuse aumône (Objet ; — Administrateurs, leur extraction).

Le Consulat de mer ou Consistoire de la Loge de mer connaissait des affaires entre marchands, de toutes les affaires concernant le commerce et de la récision des ventes des montures pour les vices cachés.

Jean Iᵉʳ, roi d'Aragon, par privilège donné à Monçon le 22 décembre 1388, créa à Perpignan un consulat de mer composé de deux consuls pris le premier dans le corps des citoyens nobles, le second dans celui des mercadiers, d'un greffier et d'un juge supérieur et souverain appelé juge des appels.

En 1729, il fut établi un troisième consul pris dans le corps des marchands drapiers.

Jean Iᵉʳ, par un autre privilège donné à Barcelonne, donna pouvoir au Consulat de mer de lever subside sur les marchandises et denrées allant sur mer et sur terre dans leur district. Ce subside était appelé *pariatge* ou *impériage*. Les consuls de mer en ont eu l'administration jusqu'en 1683. Les intendants ont plus tard disposé des fonds pour la construction des casernes.

En 1749, par arrêt du Conseil d'Etat du 15 février, le produit du droit d'impériage fut concédé par le roi à la ville de Perpignan pour être employé à la réparation des édifices et ouvrages publics qui étaient à la charge de la ville. A l'origine il était affermé pour 25.000 livres ; en 1770 il l'était pour 39.500 livres.

On prenait aussi sur le produit de l'impériage les gages des officiers du Consulat de mer, partie de ceux des régents des basses classes et des professeurs de l'Université, et l'entretien du ruisseau qui portait l'eau dans la ville.

Tous les officiers de ce tribunal étaient renouvelés chaque année par extraction, à la réserve de l'assesseur et du greffier qui étaient à vie.

Les consuls de mer étaient réputés officiers royaux, et pendant leur consulat ils étaient exempts de toute autre charge.

Les capitations de ces officiers étaient proportionnées à leurs biens.

L'ordre de Malte possédait les cinq fours bannaux de Perpignan. Il avait juridiction dans leur enclos, mais elle se bornait à la cuisson du pain. Les chevaliers de Malte étaient propriétaires de ces fours comme ayant succédé aux Templiers auxquels Gérard, dernier comte de Roussillon, les avait légués dans son testament du 3 juillet 1172. Les anciennes coutumes écrites de Perpignan et plusieurs privilèges royaux attribuaient cette juridiction aux clavaires et consuls de Perpignan, mais ceux-ci avaient laissé perdre leurs droits.

Cette justice se faisait sans frais ; il n'y a jamais eu de procédure sur cette matière. C'étaient les officiers de justice attachés aux différents fiefs de Malte qui en étaient chargés ; ils n'en tiraient que les revenus les plus modiques.

Le Tribunal de la pieuse aumône connaissait des affaires relatives à l'administration des aumônes. Il n'avait aucune juridiction, mais seulement l'administration des biens et revenus.

La Pieuse aumône était une maison de charité qui possédait des biens fonds et des rentes constituées et seigneuriales. Ses revenus étaient destinés au soulagement des pauvres familles honteuses et à l'entretien des deux hôpitaux des malades et des orphelins.

Cette maison était régie par deux aumôniers et un économe ou procureur pris dans les trois classes de citoyens, sous l'autorité des consuls de Perpignan. Lorsqu'il y avait quelque affaire grave à traiter, les consuls assemblaient un conseil particulier ou bureau composé des cinq consuls, des deux aumôniers, de deux anciens aumôniers, d'un ex-consul et du secrétaire-greffier de la ville. Ce conseil délibérait sur la proposition émise par le premier consul et sur les explications fournies par les aumôniers en charge.

Les deux aumôniers étaient pris dans les deux premiers Etats de la ville. Ils étaient extraits au sort et restaient en charge deux ans.

Le procureur ou économe était pris dans le troisième Etat ; il était également extrait au sort, mais il était à vie.

Le secrétaire, qui était un notaire, l'avocat et le procureur des pauvres étaient nommés par les consuls.

Les autres officiers l'étaient par les aumôniers.

Le crieur ou mandataire était toujours pris dans le nombre des douze crieurs que les consuls avaient le droit de nommer.

CHAPITRE XIII
Tribunal de l'Université.

SOMMAIRE : Compétence ; — Doutes sur la juridiction ; — Officiers de l'Université ; — Conservateurs de l'Université ; — Conseillers, doyens, recteur, receveur, greffier.

Le Tribunal de l'Université connaissait des contestations qui s'élevaient entre les suppôts de l'Université et dans son enceinte et des délits qui pouvaient s'y commettre.

Il fut établi sur le considérant que l'Université de Paris jouissait d'un pareil tribunal institué par le roi suivant l'article 20 de l'appendice des statuts de la Faculté des arts en 1600, statuts que l'on supposa communs à toutes les universités du royaume, et que l'université de Perpignan fut érigée

primitivement à l'instar des universités de Léc 'a en Espagne et de Toulouse, où une semblable juridiction existait.
Il est vrai que les statuts ne donnaient au recteur que la discipline des classes, mais il n'en prétendait pas moins avoir
une entière juridiction dans l'enclos de l'université pour tout
ce qui pouvait s'y passer. L'exercice de cette juridiction a été
si rare que le doute sur sa légalité n'a pu être définitivement
levé.

En 1765, un squelette ayant été dérobé dans l'amphithéâtre
de médecine, l'université nomma un avocat fiscal ou procureur du roi qui procéda à une information judiciaire par
devant le recteur assisté du greffier de la chancellerie, et un
jugement fut prononcé contre l'auteur de l'enlèvement.

Les officiers de l'université étaient le chancellier, le recteur, le greffier de la chancellerie et le bedeau.

Le chancellier recevait les informations de bonnes vie et
mœurs et religion de ceux qui voulaient prendre le grade de
docteur.

Le recteur en faisait autant pour ceux qui voulaient être
reçus bacheliers.

L'un et l'autre prenaient pour greffier celui de la chancellerie et le bedeau assignait les témoins.

A l'origine, l'Université de Perpignan, avait deux conservateurs de ses privilèges, l'abbé de la Reul et l'abbé de Saint-
Michel de Cuxac, mais depuis longtemps elle ne les regar-
dait pas comme tels, et dans les divers cas elle s'adressait
directement au Conseil souverain ot au Roi.

Les conseillers de l'Université étaient au nombre de 24,
tirés au sort tous les ans, six dans chacune des quatre facultés.

Les quatre doyens, également extraits au sort, n'avaient
d'autre prérogative que d'accompagner le recteur à la tête
de l'Université, de marcher, s'asseoir et parler immédiate-
ment après lui et avant les facultés.

Le doyen de la faculté dans laquelle était pris le recteur
le remplaçait en cas de mort après les six premiers mois
d'exercice, car s'il mourait dans les six premiers mois on
nommait un autre recteur.

Les 24 conseillers n'avaient d'autre rang que celui auquel
ils se trouvaient dans leurs facultés respectives.

Le receveur était nommé par l'université assemblée ;
c'était toujours un docteur.

CHAPITRE XIV
Cours des tiers.

SOMMAIRE : Compétence ; — Deux cours des tiers ; — Condition de
l'exercice de la juridiction : — Mode de procéder, lettres de rigueur , —
Juges cartulaires ; — Peine du tiers ; — Pareatis ; — Contestations au
sujet des lettres de rigueur ; — Effet des lettres de rigueur ; — Appels ;
— Prérogaiive des créanciers ; — Propriétaires des greffes ; — Produit.

La cour des tiers était un tribunal d'où émanaient les saisies et exécutions sur les biens des débiteurs pour tous les
actes et contrats qui avaient leur exécution parée. Elles
étaient expédiées au nom du viguier et du baille de Perpignan.

Il n'y avait que deux *cours des tiers* ou *des peines de tiers* :
celle du viguier du Roussillon et Vallespir et celle du baille
de Perpignan. Les autres viguiers et bailles royaux ne jouissaient pas de cette prérogative.

L'exercice de cette juridiction roulait uniquement sur le
greffier et dépendait de la convention des parties dans les
obligations passées devant le notaire. Il fallait pour qu'on put
avoir recours à cette juridiction, que le débiteur en argent ou
denrées eut stipulé qu'il permettait de payer au temps marqué *sous peine et écriture de tiers ;* il renonçait en outre à
son propre for.

En vertu de cette clause, le créancier à défaut de paiement
au jour marqué et s'il voulait se faire payer, s'adressait au
greffier de l'une des deux cours des tiers indifféremment. Le
greffier dressait un ordre qu'on appelait *lettres de rigueur,*
par lequel il était enjoint au débiteur de payer sur le champ
à l'huissier porteur des lettres la somme ou les denrées qu'il
devait sous peine d'y être contraint par saisie et vente des
biens. Si le débiteur ne s'acquittait pas dans le moment, on
saisissait de suite les biens jusqu'à concurrence de la somme
due et des dépens.

Les lettres de rigueur étaient expédiées au nom du viguier

du Roussillon et Vallespir ou au nom du baille de Perpignan, selon celle des deux cours où le créancier s'était adressé. Le viguier ou le baille ne les signait pas quoiqu'elles fussent expédiées en leur nom. Ils n'en avaient pas même la moindre connaissance. C'était le greffier, dit *juge cartulaire,* qui les signait ou son clerc. Le créancier pouvait faire décréter et exécuter la peine de tiers dès le lendemain du terme échu et dès le moment qu'il était jour, et le débiteur ne pouvait s'en plaindre ni refuser le paiement des frais faits pour les lettres de rigueur.

Le droit que le greffier prenait pour l'expédition de ces lettres était de deux sous par livre du montant de la dette ; c'est ce droit qu'on appelait *peine de tiers.* Le produit de cette peine était tout entier au profit du greffier ; le viguier ni le baille n'en retiraient absolument rien.

Lorsque les lettres de rigueur du viguier du Roussillon et Vallespir regardaient des habitants des autres vigueries, celui qui voulait en obtenir l'effet demandait avant tout un pareatis au juge de la viguerie où le débiteur était domicilié. Il en était de même à l'égard de celles du baille lorsqu'elles étaient contre des habitants des vigueries du Conflent et Cerdagne. Le baille de Perpignan avait territoire pour ces sortes de lettres dans l'étendue de la viguerie du Roussillon et Vallespir, quoique pour tout le reste sa juridiction fut resserrée dans Perpignan et ses faubourgs.

Toute contestation au sujet des lettres de rigueur était portée par devant le juge au siège de la viguerie, si c'était au nom du viguier qu'elles étaient expédiées, et par devant les juges du bailliage, si elles l'étaient au nom du baille.

Le débiteur et le créancier s'adressaient directement à ces juges par simple requête, soit que le premier eut des moyens de défense soit que l'autre voulut faire procéder à la vente des biens saisis, car les cours de la peine de tiers n'avaient d'autre droit que celui d'expédier les lettres de rigueur. L'effet de ces lettres ne pouvait être suspendu par l'appel ; rien n'en arrêtait l'exécution que le paiement. Le débiteur ne pouvait même empêcher la vente des effets qui étaient saisis qu'en justifiant le paiement devant les juges de la viguerie ou du bailliage, et on ne lui accordait jamais que huit jours de délai. Il pouvait cependant éviter encore cette vente en consignant entre les mains du dépositaire général la somme qui faisait l'objet des lettres de rigueur ; mais la saisie tenait toujours s'il ne déposait.

Les appels des sentences rendues sur ces contestations étaient portées au Conseil souverain.

Le créancier qui demandait des lettres de rigueur ou de peine de tiers n'était pas tenu d'avancer les frais, et il n'était pas responsable des deux sous par livre qui appartenaient au greffier. Bien plus, il était toujours payé de la dette de préférence sur le greffier, de sorte que le greffier était toujours le dernier et perdait assez souvent ses droits.

Les décrets donnés par les juges naturels du débiteur avaient la même force que ceux des peines de tiers et on pouvait s'adresser à eux indistinctement en vertu du contrat portant le paiement de la dette sous peine de tiers dénonçable à toutes cours de justice avec renonciation à son propre for et juridiction se soumettant à toute autre.

Il n'y avait jamais eu dans le Roussillon que deux juges cartulaires, qui se tenaient toujours à Perpignan. Mais en 1761, les Commissaires du Domaine du roi en établirent deux autres, l'un à Arles et l'autre à Prades.

En 1770, le greffe de la cour des tiers de la Viguerie de Roussillon appartenait à M. de Campredon, qui l'affermait à un notaire pour 750 livres par an. M. de Campredon était également propriétaire du greffe de la Viguerie de Roussillon. Ses ancêtres tenaient ces deux greffes de Don Gabriel de Lupia qui les avait vendus pour 8000 livres, et qui lui-même les avait achetés au roi Philippe d'Aragon pour 4813 ducats et 40 sols.

A la même époque, le greffe de la cour des tiers du bailliage appartenait à M. de Çagarriga qui l'affermait à un notaire pour 175 livres par an. Ce greffe avait été vendu le 22 octobre 1474, par le roi Jean d'Aragon à Laurent de Vilanova, un des aïeux de la maison de Çagarriga, moyennant 1000 florins d'or d'Aragon et une censive annuelle de quinze livres barcelonnaises.

Le produit de ces deux greffes de la cour des tiers variait considérablement, les parties ayant la liberté de s'adresser indistinctement à celui qu'ils voulaient. Le produit net de chacun d'eux, le produit d'afferme acquitté, était de vingt-cinq à trente pistoles par an.

CHAPITRE XV
Juridiction des surposés de l'horte de Perpignan.

SOMMAIRE : Compétence ; — Composition du tribunal des surposés de l'horte de Perpignan : — Mode de procéder ; — Appels ; — Cas où l'auteur du dommage restait inconnu ; — Privilèges ; — Surposés de l'horte des autres lieux de la province et appels.

Les surposés de l'horte de Perpignan connaissaient des dommages occasionnés par les personnes ou par les bêtes aux terres, aux fruits, aux arbres, et aux travaux des champs appartenant aux habitants de Perpignan, ou lorsque ceux-ci ou leurs bestiaux étaient les auteurs des dommages ; de la fixation des bornes des propriétés rustiques et de la police des chemins particuliers.

Cette juridiction était composée de trois juges estimateurs. Deux de ces juges étaient pris dans le corps des jardiniers de Perpignan ; on les appelait *surposés jardiniers*. Le troisième appelé *surposé commun* était pris dans le corps des métiers, menuisiers, tailleurs, cordonniers, etc. Ils prêtaient serment devant le baille après leur extraction à l'hôtel de ville, qui avait lieu le 28 juin de chaque année.

Ils instruisaient des procédures en cas de contestations et rendaient leurs sentences dans leur auditoire qui était le bureau du greffier.

Cette juridiction avait un greffier qui était nommé par le roi et qui était toujours un notaire. Elle avait un huissier, qui était nommé par les consuls.

Celui qui voulait faire estimer quelque dommage devait avant tout faire transporter dans l'endroit les bailles, ou consuls, ou autres estimateurs du terroir où étaient les biens endommagés. Il se faisait remettre par eux le rapport de l'estimation qu'il déposait au greffe des surposés de l'horte de Perpignan avec réquisition de se transporter sur les lieux. Au préalable et sous peine de nullité il devait payer les vacations qui étaient plus ou moins considérables suivant la distance des lieux. Si la deuxième estimation n'excédait pas la première, les frais de cette deuxième étaient perdus pour le requérant ; si au contraire elle la dépassait l'auteur des dégats payait tout.

Dès que les surposés de l'horte étaient en voyage, ils pouvaient faire toute sorte d'estimation dans les terroirs où ils se rendaient et dans tous ceux qu'ils traversaient, sans autre formalité et sans l'intervention préalable des premiers estimateurs ; il leur suffisait d'être requis verbalement. De la sorte, il arrivait fréquemment que bien qu'ils ne fussent sortis que pour aller estimer une pièce ils en estimaient plusieurs.

Dans ce tribunal on ne suivait que certains usages, et la procédure était courte.

Les surposés de Perpignan avaient encore juridiction pour faire payer les estimes quoiqu'ils ne les eussent pas faites eux-mêmes, pourvu que le plaignant fut habitant de Perpignan et qu'il s'adressât à eux dans les dix jours. Leur juridiction en ceci n'excluait pas celle des autres surposés ou juges des lieux auxquels le plaignant pouvait également s'adresser.

Si l'une des parties avait à se plaindre de la modicité ou de l'excès d'estimation faite par les surposés de Perpignan, elle présentait requête aux consuls qui nommaient deux experts d'office et leur faisaient prêter serment. Ceux-ci se rendaient sur les lieux avec les surposés et ces derniers faisaient une nouvelle estimation qui prévalait. Ensuite les surposés instruisaient et jugeaient sans appeler les experts.

L'appel des sentences des surposés était porté devant le baille de Perpignan, qui devait instruire et juger l'appel dans quinze jours. Si le baille n'avait pas rendu la sentence avant ce délai expiré, la sentence des surposés était confirmée de plein droit.

Le baille prenait un assesseur à sa volonté pour instruire et juger l'appel conjointement avec lui, et le procureur du roi du bailliage devait donner ses conclusions. Le greffier était le même que celui du bailliage.

Les sentences du baille étaient sujettes à l'appel ; la partie qui se croyait lésée pouvait en demander l'appel au Conseil souverain.

Lorsque l'auteur des dégats ne pouvait être découvert, le dommage était payé par répartition sur les propriétaires des bestiaux qui dépaissaient dans le même terroir et dont le dénombrement était fait par le baille de la localiié. Les surposés de Perpignan rendaient la répartition exécutoire.

Comme juges, les surposés de l'horte de Perpignan étaient exempts de toutes les autres charges pendant l'année de leur exercice.

Il y avait des surposés de l'horte non seulement à Perpignan, mais encore dans les différents lieux et terroirs de la province.

Ceux de Perpignan, avec ceux du Canet, d'Elne, d'Argelès, de Collioure, de Céret, de Prats de Mollo, d'Arles, du Boulou, d'Ille, de Millas et de Rivesaltes, avaient seuls le droit d'instruire et de rendre des sentences. Tous les autres ne faisaient que l'estimation, en délivraient un extrait à la partie plaignante qui s'adressait au juge du lieu pour obtenir le paiement du dommage, et par appel au Conseil souverain.

L'appel des jugements des surposés de l'horte de Perpignan était porté devant le baille de Perpignan, et de là au Conseil souverain ; et l'appel des jugements des surposés des localités citées plus haut était directement porté au Conseil souverain

FIN

N. — *Une notice complémentoire donnera l'historique des juridictions inférieures du Conflent et de la Cerdagne.*

TABLE

Saint-Omer. Imp. n. d'homont.

www.ingramcontent.com/pod-product-compliance
Lightning Source LLC
LaVergne TN
LVHW022155080426
835511LV00008B/1411